管教有招

罗俊英 ◎ 著

苏州新闻出版集团

古吴轩出版社

图书在版编目（CIP）数据

　　管教有招 / 罗俊英著. -- 苏州 ：古吴轩出版社，
2024. 7. -- ISBN 978-7-5546-2394-7

　　Ⅰ. G78

　　中国国家版本馆CIP数据核字第20240G77R8号

责任编辑：黄菲菲
见习编辑：王霁钰
策　　划：吴　静
装帧设计：大摩北京设计事务所

书　　名：**管教有招**
著　　者：罗俊英
出版发行：苏州新闻出版集团
　　　　　古吴轩出版社
　　　　　地址：苏州市八达街118号苏州新闻大厦30F
　　　　　电话：0512-65233679　　邮编：215123
出 版 人：王乐飞
印　　刷：天津鑫旭阳印刷有限公司
开　　本：670mm×950mm　　1/16
印　　张：10
字　　数：78千字
版　　次：2024年7月第1版
印　　次：2024年7月第1次印刷
书　　号：ISBN 978-7-5546-2394-7
定　　价：49.80元

如有印装质量问题，请与印刷厂联系。18622478842

前 言

　　父母是孩子的第一位老师。在孩子的成长过程中，父母的教育和引导尤其重要。然而，随着生活环境和社会环境的变化，父母与孩子的沟通变得越来越困难，而"如何与孩子沟通"也成了绝大多数父母在教育道路上最难攻克的难题。

　　我们经常能听见很多家长抱怨无法与孩子沟通，比如"孩子什么事都不和父母说""无论父母怎么说孩子都不愿意听""孩子越来越不听话"。殊不知，在孩子眼中，父母才是无法沟通的一方。

　　其实，所有的孩子在一开始都是非常愿意与父母进行沟通的。但是，家长没有掌握和孩子沟通的正确话术，总是把沟通变成了单向的说教、唠叨、批评、指责，而且往往还伴随着情绪冲动、语言粗暴、动手惩罚等，致使孩子在沟通中得不到应有的倾听和正向的回复，自然而然也就不愿意，甚至厌烦再与父母进行沟通。亲子关系也因此变得岌岌可危，双方矛盾更是一触即发。

所以，若想打破"不正确的亲子沟通"所导致的僵局，建立和谐的亲子关系，让孩子积极、健康地成长，父母就需要学会与孩子进行正向且有效的沟通。

而《正面管教的父母话术》这本书就精心挑选、整理了绝大多数父母在现实的家庭教育中经常遇到的各种问题和现象，逐一分析其发生的根本原因，帮助家长规避错误的沟通方式，读懂孩子真正的需求。同时，本书还针对前面所提到的教育问题和现象，提供了对应的沟通原则、正确的沟通方法，以及话术指导范例，帮助父母更好地建立和孩子顺畅沟通的渠道，与孩子建立平等、平和的亲子对话关系，提高亲子沟通效率。

　　在这本书里，家长们将会学到行之有效的养育技巧，这些养育技巧会帮助孩子获得对个人能力的感知力和必备的人生技能，帮助孩子树立自己的目标并获得实现目标的能力。

目 录

第七章
摆脱过度控制的怪圈，给孩子自由选择的权利

第一章

当孩子的世界不再
只有你

——孩子3岁之后，养育对于你来说就是学会放手

你必须更好地了解
你的孩子

父母有话说

现在，我一点儿都搞不懂我儿子，感觉他完全不像小时候那样乖巧了。别人都说孩子3岁之后就会变得听话一些，但是，我发现我儿子越来越淘气。他的精力永远是那么旺盛，即使在"可怕的两岁"阶段，都没有现在这么糟糕。

为什么会这样

　　不同年龄段的孩子有着不同的需求，父母的教育技巧必须随着孩子的成长而改变。

孩子的性格特点

　　孩子在不同的成长阶段有着不同的性格特点。大多数家长之所以觉得孩子难以管教，就是因为不了解孩子的性格特点。一般来说，孩子3~6岁时的性格特点对其一生都起着关键性的作用。

孩子的适龄行为

　　父母与孩子之间之所以会发生冲突，究其原因就是我们对孩子抱有不合理的期待。通常情况下，孩子的行为不会与我们内心的想法一致。

孩子看待问题的方式

　　孩子看待问题的方式会在3~6岁发生很大的变化。在5岁之前，孩子在做事情的时候基本上没有明确的目标，他们更加关注的是做这件事的过程。

面对孩子的性情和发展，你作为父母，应该如何做呢？

在孩子3~6岁时，父母必须了解孩子的性格特点，而一个孩子性格的形成和父母的教养方式息息相关。 相关调查统计显示，大约有5%的孩子天性害羞，需要用比别人更多的时间来适应新的环境。这样的孩子最需要的是一个宽松的成长环境。所以，父母千万不要责备孩子害羞，也不要强迫他做让他感觉不舒服的事，比如表演节目、和其他小朋友一起玩耍。父母需要认可孩子安静的性格，给孩子一个适应的过程，鼓励孩子参加一些集体活动。慢慢的，孩子就会变得自信开朗，不再害羞了。

为了更好地管教孩子，你需要了解孩子的适龄行为。 一个3岁的孩子，在很多时候都表现得不够"听话"，但这都是孩子在这一阶段的正常表现。只有了解孩子的适龄行为，才能正确地辨别到底什么才是真正的不良行为，从而给予孩子正确的指导，告诉孩子什么行为是错误的、必须纠正的，什么行为是正确的、可以允许的。

了解孩子看待问题的方式，有助于父母寻找一种平衡的方式，并赢得孩子的合作。 比如3岁多的儿子最近迷上了下象棋，每次缠妈妈下棋的时候，假如妈妈正在忙一些其他的事情，直接拒绝，他会立即哭闹或者发脾气。但是假如妈妈让他自己先将棋子摆好，然后再陪他下，他则会高高兴兴地去摆棋，因为这个时候，他就已经在体验和享受下棋的乐趣了。在这个年龄阶段，结果不是关键，孩子更加注重的是过程。

当洗脸池高过你的头顶时，踮起脚洗手是怎样的挑战？**了解孩子看待世界的角度，理解孩子身体的限制，为孩子提供适应自身身体能力的合适环境，从而增强孩子的自信心，减少孩子的挫折感。**

任何教育方法和教育理论，都需要与孩子的实际情况相结合。

话术指导范例

　　"你今天在活动中的表现真棒，下次活动一定可以取得更好的成绩。"

　　"别怕，妈妈相信你肯定能行。"

　　"你这个办法比妈妈想的都好，你是怎么想到的呀？"

　　"一生气就乱扔东西，这个行为是不对的。虽然妈妈理解你不开心，但是乱扔东西后，不仅需要收拾，而且东西可能也坏了。这样是不是不太好？"

　　"妈妈可以陪你下象棋，但是妈妈现在正在忙，你先去把象棋摆好，然后妈妈再陪你下，好吗？"

不懂得放手只会阻碍孩子的成长

　　我的女儿非常非常胆小，都4岁了还不敢独立地去和其他小朋友玩，做什么事都要拉着我一起，我若是不去，她宁可自己一个人玩。很多时候，我都大发脾气，最后命令她自己去，但最后还是以女儿眼泪汪汪而结束。这让我不知如何是好。

为什么会这样

在3~6岁这个阶段，孩子会发现，除了爸爸妈妈以及其他家庭成员之外，自己的世界还有其他人。这个时候，他们会尝试着与他人建立情感联结。他们对这个世界充满好奇和期待，开始喜欢走出家门去找小朋友玩，并从朋友的世界里得到完全不一样的快乐。

但是，有些父母剥夺了孩子独立的机会。很多父母总是因为担心孩子的安全而不断地阻止孩子自由玩耍，比如"慢点滑，不要摔倒，不要撞到其他小朋友，不要……"。这无形中让孩子逐渐失去了和别的小朋友一起玩耍的能力，从而剥夺了孩子独立成长的机会。

培养孩子的独立能力是父母的重要责任之一，

而这种独立能力的基础要在幼儿时期奠定，

而且越早越好。

　　作为父母，孩子小时候你可以陪着他玩，但是，在未来的生活中，孩子需要独立面对的事情还有很多，父母能保证自己一直为孩子提供帮助吗？孩子的性格是从让孩子独自和小朋友一起玩耍这样的事情开始逐步养成的，一个人假如连独立和朋友玩耍的能力都没有，该怎么正常地融入社会生活中？

　　大多数孩子在长大之后不能很好地融入社会，就是因为父母不懂得放手。而父母不懂放手的根本原因就在于对孩子没有信心，这种想法不利于孩子自信心的养成。所以，**在孩子的自我发展中，家长不懂得放手是有百害而无一利的。**

　　对孩子独立能力的培养是很有必要的，而且越早越好。但是，大部分父母都因为害怕孩子受伤而不敢放手让孩子独立做一些事情，从而阻碍了孩子的健康成长。**孩子必须形成自己的世界观，也就是自己对待生活、对待这个世界的独特方式。**

"你自己去跟小朋友们玩，妈妈在这边跟阿姨们聊天。"

"妈妈知道你跟小朋友们玩游戏的时候摔倒了，是不是很疼？不过，听说你摔倒后没有哭，真勇敢啊。下次玩游戏的时候可以注意一下。"

"你要学着自己吃饭了，妈妈相信你能做到。"

"吃完饭就要写作业了。你可以自己安排一下写作业的时间和顺序。"

"这是你今年的压岁钱，自己要保管好哟。怎么使用也需要自己安排。"

"你可以每周吃一包薯片，至于怎么吃，什么时候吃，你说了算。"

理解孩子的行为，懂得为孩子赋能

我女儿的生活自理能力实在是太差了，什么也不会，什么都做不好，每天看着她都头疼。书包不知道怎么收拾，穿衣服也要帮忙，扣扣子总是扣错，更别提系鞋带了，每次都需要我跟她妈妈系。这以后可怎么办啊！

为什么会这样

在孩子成长阶段，父母需要理解孩子的行为，并为孩子赋能。但是，父母经常会因为心疼孩子而做出一些阻碍孩子独立成长的行为。

过度干涉孩子的生活

父母过度干涉孩子的生活，不尊重孩子的想法和选择，会让孩子失去判断和做决定的能力，甚至让孩子习惯听从父母的安排，从而变得越来越没主见，越来越依赖父母。

替孩子决定一切

父母总是将自己所谓的经验强加给孩子，让孩子按照家长说的方式做，剥夺了孩子自己去处理问题的机会。长此以往，孩子就会失去思考和解决问题的能力。

嘲讽、挖苦孩子

假如父母在孩子出现问题的时候以问责的态度，对孩子冷嘲热讽，那么，孩子在之后的生活中，遇到麻烦首先想到的就是如何逃避责任，而不是寻找解决问题的方法。

　　为孩子赋能，就是尊重孩子的需求和他作为个体的权利，让他在与自己相关的事情上拥有发言权，自主进行判断、选择、决定；同时，也赋予孩子一种积极态度和正能量。那么，父母应该如何为孩子赋能呢？

　　摆脱过度控制的怪圈，提供有限制的选择。因为孩子还不具备基本的判断力，所以最有效的"赋能"方法，就是给他们提供有限制的选择，让他们从两个选择中选择一项。等孩子到了4岁，你还可以在两个选项中多加一项。孩子再大一些，你可以设置一些简单的开放式选择。最理想的状态是，孩子对生活的自主能力和承担的责任逐年增加。

　　让孩子学会承担和反思。孩子是在不断的探索和试验中成长的，对于每一个技能的习得都不可能一蹴而就，遇到困难是家常便饭的事。当孩子遇到困难之后，我们要引导孩子学会解决问题和麻烦，反思自己的方法是否正确，并学会承担自身行为所带来的后果。我们也可以向孩子提出建议，必要的时候陪孩子一起解决，但绝不是代劳。

不要嘲讽孩子，努力与孩子共情。孩子的成长有一定的局限性，在3~6岁这个阶段，孩子因为能力不足而受挫是必然的。这个时候，父母千万不能嘲讽挖苦孩子，因为这对孩子来说，就是责难和羞辱。

赋能给孩子，不但要给予他们选择的权利，还要赋予他们积极乐观的态度，

遇到事情不气馁，也不问责，

解决问题才是关键。

话术指导范例

"我们应该买苹果，还是买橙子？"

"你是想画画，还是想玩积木？"

"颜料都被涂在了衣服上，结束之后，你需要把衣服清洗一下哦。"

"玩具都是有正确的玩法的，如果操作不当，玩具就会像现在这样坏掉。下次玩之前，一定要思考一下正确的玩法。"

"我知道对你来说这件事很难，你现在一定很烦躁，但是，你一直都很会收拾自己的玩具，只要耐心地找对方法，我相信你一定能做好。"

对孩子抱以合理的期待

　　我儿子可太淘气了，还不听话。不仅如此，他还非常没有自控力，也不够专心，每次干一件事的时候都会被另一件事吸引。更让人头疼的是，他每次在做一件事的时候，中途哪怕遇到一点点儿困难，或不如意，就开始退缩。这以后长大了，可怎么办？

为什么会这样

在孩子成长的每个阶段，都有其应该完成的任务，包括身体、情感、认知、生活技能等。但是，父母总是期望孩子做一些对于他这个年龄段来说很难的事情。这只会让父母和孩子同时陷入沮丧和失望。造成这种现状的原因，通常有以下两种。

情绪变化，难以自控

孩子还小，他们并不能像大人那样掌控自己的情绪，所以，遇到事情会本能地生气，攻击他人。让一个3岁多的孩子完全控制住自己的情绪，是违背孩子的发展规律的。

大人与孩子的想法差异

小孩子的想法和大人的想法大相径庭，大人觉得不可思议的事情，小孩子会觉得是理所当然。比如一个3岁多的孩子看到自己特别喜欢的玩具，本能的反应可能就是把它据为己有，而不会考虑这个东西是不是自己的，自己是不是有能力拥有它。

大多数时候，解决问题的关键不是让孩子"听话"，而是反思我们对孩子的要求是否违背了孩子的发展规律以及不同年龄段的需求和能力。我们要对孩子抱以合理的期待，并在遵循其发展规律的情况下加以正确的引导。

了解孩子的发展规律，明白"熊孩子"是孩子的必经之路。 父母必须了解孩子的发展规律，了解他们阶段性的特点，如此才能找到行之有效的管教方式。如果孩子好斗，并且不听大人劝阻，继续攻击他人，父母需要把他领到一个安静的地方，而不是纠结于如何让他听你的话，自动停止自己的不良行为。

重视孩子的情绪，而非行为。 父母对孩子吼叫和唠叨，惩罚孩子，只会引起权利之争。理解孩子的情绪，并理解与孩子年龄相称的行为，才能赢得孩子的合作。

注重长期养育的效果，和善而坚定。 小孩子往往会去做一些大人认为违背道德的事情，但是，我们不能以大人的标准来判断孩子的行为，认为这个孩子就是道德败坏，行为不端。**父母需要在理解孩子的行为与其年龄相称的同时，和善而坚定地努力赢得孩子的合作。**那些惩罚和责难只会让孩子感到内疚和羞辱，让孩子更加沮丧，而不会让孩子养成优秀的品格，也不会让孩子学到正确对待生活的态度。

话术指导范例

　　"爸爸知道你现在的情绪很不好，那我们找个安静的地方待一会儿吧。"

　　"爸爸知道让你放弃糖果很难，爸爸小时候也很喜欢吃糖果，但是，宝宝的牙有两颗已经开始'长小虫子'了，如果吃更多的糖，你的牙就会全部坏掉，以后还怎么吃好吃的呀？"

　　"你要想哭的话，爸爸在这里陪着你，等你哭完了，我们再继续玩，好吗？"

给孩子传递正确的家庭价值观

不管对于哪个年龄段的孩子，家庭价值观都是我们管教的核心理念。一个人的原生家庭，对他的一生都具有影响力。父母重视什么，有哪些信仰，对生活的态度等，往往对孩子的人生取舍起着决定性的作用。一般来说，家庭价值观体现在说话、行为、时间分配这三个方面。那么，父母要如何持之以恒地将正确的价值观传递给孩子呢？

1. 语言简单直接，表达具体清晰，经常重复

对于3~6岁的孩子来说，父母的教导需要简单直接。比如你是一个重视礼节的人，当孩子跟人打招呼的时候，你要这样告诉孩子："看着他的眼睛。"当孩子需要帮助的时候，告诉他："请……"当孩子得到别人的帮助时，让孩子说："谢谢你！"这些句子简单，又容易记住，父母只要经常重复，孩子就会学会使用礼貌用语，成为一个懂礼节的人。

2．以身作则，规范自己的行为，为孩子做一个好的示范

3~6岁的孩子善于模仿大人的行为，并且学习的速度让父母叹为观止，所以，父母的言传身教极为重要。若想让孩子成为一个充满爱心的人，父母可以在捐衣服的时候让孩子帮忙一起整理，还可以让孩子放一张自己设计的卡片，并告诉孩子，为什么要捐这些衣服。

孩子喜欢观察大人的行为，但是他并不能理解大人这样做的原因。所以，父母应该耐心地解释自己的行为，让孩子明白重视这个价值观的原因，并始终如一地坚持这个价值观。

3．把时间花在最重要的事情上

父母重视什么，就把时间花在什么地方。比如，父母重视读书，那么在孩子尚小的时候，就应该让他多花点时间在阅读上。当然，孩子还小，有可能他专注力不强，总是看着看着就被玩具吸引，父母需要费很大的劲才能让他的注意力重新回到书籍上；他还不识字，需要父母读给他听。也许有时候父母真的很想睡一觉，但是，请相信，花费的这些时间和精力都是值得的，当孩子养成这些习惯，事情就容易得多了。

第二章

培养自主意识，让孩子获得归属感和价值感

——3岁之后，孩子需要对自我能力有信心

拥有自主意识，会让孩子更自信

我家闺女就像算盘一样，拨一下才动一下！她从来不会在意周围发生的事情，比如垃圾桶倒了、衣服掉了、水洒了，她从来不会主动去扶一下、捡一下、拖一下。每次都是我强制要求，她才会做。写作业也是，每次都要我催才会去写。我都怀疑，她是不是故意这样跟我作对。

为什么会这样

　　3~6岁，是孩子极其重要的成长阶段，因为这个时候，孩子的自主意识开始萌发，他变得更有主见，喜欢去尝试新事物，并且勇于挑战那些对他来说很难的事……

　　自主意识很强的孩子虽然看起来更淘气，有时候会让家长心力交瘁，但是，自主性往往包含着一些可贵的品质，比如勇敢、果断、执行力强、好奇心重、求知欲强等。家长需要有意识地去培养孩子的自主性，只有这样，孩子才能在面对困难的时候披荆斩棘，不轻易退缩，在长大后更加从容地面对生活的艰难。

拥有自主意识，

会增强孩子对自我能力的感知，

会让孩子更加自信。

很多时候，父母会觉得与其让孩子去做，不如自己为其代劳来得简单快捷。但是，可以很明确地说，父母现在所付出的时间和精力，会在之后的育儿过程中看到长期的效果。

自主性强的孩子，在遇到困难时不容易退缩。不管面对多么糟糕的情况，他都会努力地寻找解决问题的办法，积极地向好的方向去努力，而不是稍微遇到一点困难就向父母寻求帮助，抑或是干脆破罐子破摔，撂挑子不干，逃避责任。所以，**注重培养孩子的自主性，让孩子具备自主能力，拥有自己独立的思考和想法，会让孩子变得更加自信乐观。**

当然，这里所说的自主性并不是说孩子一定要有实际操作能力，孩子愿意自己穿衣服并不等于孩子真的就能自己穿衣服，**父母应该了解孩子在每个发展阶段应该具备的技能，对孩子抱以合理的期待，去培养并增强孩子的自主性**，而不是拔苗助长，超出孩子的承受范围去训练孩子，这样做只会让孩子内疚和沮丧。

话术指导范例

　　"我家宝贝会自己吃饭了，真厉害啊。"

　　"第一次扣扣子，扣不进去是很正常的。不着急，你可以慢慢扣。"

　　"今天定好闹铃，妈妈明天不会叫你起床，你需要自己起床收拾。"

　　"哇，你今天主动把屋子收拾了呀，还收拾得这么整齐，妈妈为你骄傲。"

　　"妈妈准备买个花瓶，你有什么想法吗？或者你帮妈妈挑一挑？"

　　"你要自己合理安排写作业和休闲娱乐的时间。妈妈相信你能安排好自己的时间。"

不要阻碍孩子
自主性的发展

父母有话说

　　我家那小孩，最近不知道怎么了，感觉像有多动症似的。他总是去拿喷壶要浇花，拽着拖把要拖地，吃完饭后抢着要擦桌子、刷碗，甚至要自己用淋浴洗澡……真是头疼死了。每次用来制止他的时间，我自己都收拾好了。

为什么会这样

在孩子3~6岁这个阶段，父母会经常听到孩子说"我自己做"这句话，这是孩子在试图用他的行为告诉父母，他的能力比父母想象中要强大。他想要尝试每一件事情，并希望父母能够认真地观看他"表演"自己的能力。但实际上，当孩子想要做一些事情的时候，绝大多数父母都会否决孩子的决定。久而久之，孩子就会习惯性地依赖父母，变成一个缺乏自主性的孩子。

那么，自主能力的缺失对孩子今后的生活又有何影响呢？

做事没有条理，不知道自己该干什么，不该干什么

在家时，孩子的这种表现还不明显，但在孩子上了幼儿园，离开了父母的庇护之后，孩子会变得手足无措，不知道该如何跟这个世界相处，也不知道自己在幼儿园该干什么。有很多在幼儿园哭闹的小朋友，除了短暂的分离焦虑之外，其实更多的是他不知道如何跟其他小朋友交流，如何独自学习老师教的东西，他找不到归属感。

对父母的依赖性过强

　　自主能力缺失的孩子，对父母的依赖性都非常强。在家时，父母会凡事以孩子为主，围着孩子转，但是上了幼儿园之后，老师不可能把精力全部用在一个孩子身上。孩子在幼儿园得不到他想要的更多关注，就会抗拒上幼儿园。家长需要明白的是，不是老师对你的孩子关注不够，而是你的孩子自主能力不足。

容易以自我为中心，不注重他人的感受

　　自主能力缺失的孩子连自己都照顾不好，更谈不上关注他人的感受、帮助他人了。这样的孩子容易以自我为中心，不会太在意别人的感受，有时候会显得自私一些。他们还可能为了保证自己处于别人的关注中心而做出一些不良行为。

孩子想要让父母承认他的能力，
证明他是一个能干的小大人。

　　当孩子想要做一些事情的时候，父母经常喜欢这样对孩子说："宝贝儿，你还小，你还不会做这些事情，等你长大了就会了。现在，让妈妈帮你吧。"的确，很多事情大人做起来会更加省时省力，但是，这样做等于剥夺了孩子学习新技能的机会。

　　其实，孩子在3岁左右就会表现出想要自己做事的愿望，此时父母可以放手让孩子去做、去尝试、去失败、去总结。父母应该及时地给予肯定和鼓励，对孩子多一点信任，不要阻碍孩子自主性的发展，更不要打消孩子的积极性，否则会让孩子的自尊心受挫。

话术指导范例

"既然你主动请缨，那今天洗碗这个'工作'就交给你了。爸爸在一旁辅助你。"

"妈妈早上已经浇过这些花了。如果你现在再浇，花就很容易死掉。妈妈答应你，明天一早，让你来浇，好不好？"

"老师说今天是你自己系的鞋带。妈妈看看，系得还挺好，真不愧是你，真棒！"

科学培养孩子的
自主性

父母有话说

　　最近我们跟其他家长交流育儿经验，发现有很多家长抱怨他们的孩子有多么淘气好动，但是我们的烦恼恰恰相反。我们儿子已经3岁多了，但是他只爱走平坦的道路，即使遇到很小的台阶，他也不敢抬腿跨越，会习惯性地张开双手向我们求助。我们很想让他学会面对困难，但是毫无办法。

为什么会这样

　　3~6岁的孩子对这个世界充满好奇，他们迫切地想要用自己的身体去探索这个世界。假如父母总是对孩子说"不能"，孩子可能会感到非常沮丧，还会因为自己的"无能"而感到内疚，并可能因此而退缩。

　　父母过度保护孩子，会让孩子无法体会成长中的挫折和艰难，阻碍孩子自主意识和自我效能的发展，孩子会因此而失去冒险精神。在以后的生活中，即使有一些对他的人生来说极其有益的事，他也会因为前怕狼、后怕虎而放弃。所以，科学培养孩子的自主性是非常有必要，且非常重要的。

　　现在的孩子都是家里的宝贝，很少有家长能够真正做到对孩子放手。甚至有一部分家长还会对孩子的所有事情大包大揽，直到确信孩子确实长大了、该放手了，才放手。而到那个时候，孩子们自主能力的差异就会显现出来。若孩子尚处于这个年龄段的平均水平，还算是幸事。但若是低于平均水平呢？父母一定会后悔，在该培养孩子自主性的时候阻碍了孩子的自然成长。

　　婴幼时期的孩子的确很需要大人的帮助，我们应该及时满足孩子的需要，并保证孩子的绝对安全。但是3岁之后，孩子的自主性越来越强，我们就应该有意识地培养孩子的自主能力。

　　那么，我们该如何科学培养孩子的自主能力呢？

　　家长要懂得放手，增强孩子的自信心。孩子适合在一定的空间内自由成长，这样才能发挥孩子本身具有的灵性和潜力。家长对孩子的成长过度干涉，会让孩子的成长空间变得狭隘而逼仄，很不利于孩子的成长。

　　父母应该张弛有度，积极引导孩子独立解决问题，让孩子在解决问题的过程中积累经验，如此才能逐步增强孩子的自信心。

　　寻找适合孩子的最佳方法。家长在锻炼孩子的自主能力时，不要生搬硬套别人的经验和方法，而应以孩子为主，寻找适合孩子的最佳方法。这样就会形成一个良性循环，从而更有利于孩子自主能力的培养。

> **每个孩子都有自己的特殊性情，孩子习惯的养成方法也会因此而不同。**

不要拒绝孩子的帮助。 3~6岁这个阶段，孩子最需要的感觉就是被需要，而这种感觉往往来自独立完成一件事情，或者是帮助他人完成一件事情。所以，你大可以主动向孩子寻求帮助。你永远不会知道，当孩子听到你说"宝贝，妈妈需要你"时，他的内心有多么愉悦、多么满足。

> **当孩子问你是否需要帮助的时候，千万不要拒绝他，哪怕他的力量微不足道。**

孩子需要一些冒险精神。 孩子的成长道路上，危险无处不在，学习走路有摔倒的危险，喝水有被呛的危险，吃饭有被噎的危险……我们不能因为这些可能存在的风险，就让孩子不走路、不喝水、不吃饭……孩子天生就对一些从未做过的事充满好奇，探索未知世界也是孩子的天性。

"爸爸知道你害怕，但是你需要冷静一下。我们一起来找一找让你可以安全从健身架上下来的办法。"

"宝贝，爸爸需要你帮我拿下板凳，可以吗？"

"妈妈觉得，以后你一定会是个收纳小能手。你的房间被你整理得多有条理啊，比妈妈收拾的还好。"

"活动都是重在参与的。虽然你不会，但是没有关系的，妈妈可以教你。妈妈相信你，给你加油。"

花一些时间训练孩子

　　我家孩子别说穿衣服了，就连穿袜子都是把小脚丫伸到你面前，等你给他穿。现在的孩子哪像我们那个时候哟！我记得我小时候，五六岁就学会做饭了，衣服也都是自己洗。洗碗的时候够不着灶台，我妈给我搬个小板凳垫在脚下面。现在的孩子什么都不会干。

为什么会这样

生活中，很多父母只会告诉孩子自己的期盼，抱怨孩子不做家务，但是没有想过自己是否教过孩子做家务。任何事情都不是天生就会的，家长要牢记，孩子的许多能力是后天锻炼出来的。假如有一天，你猛然惊觉孩子应该会做某些事了，但你从未对孩子进行过训练，就不要指望他能立即达到你的要求。那样的话，对孩子的成长也不利。

家长有责任也有义务在孩子成长的各个阶段分步培养孩子的自主能力，而不是等孩子遇到困难才去想办法解决。

家长需要更新观念，花一些时间来训练孩子，以培养孩子的自主能力。那么，家长该如何训练孩子呢？可以从以下几点进行。

由简至繁，保持新鲜感。 父母可以从一些简单的家务，比如摆碗筷、倒垃圾等单一的事情做起，培养孩子动手的习惯，注意变换家务内容，以保持孩子的新鲜感，如此才能高效率、低出错。

把你的期盼明确地说出来。 给孩子布置任务的时候，一定要表达得具体明确，把你的期望说出来，避免孩子不知道如何做，或者敷衍了事。比如你让孩子收拾厨房，对孩子来说，收拾厨房只要把碗洗干净就行了，但我们知道，收拾厨房并不是仅仅洗一些碗。收拾厨房不但要把碗筷洗干净，还要刷锅，洗锅盖，把菜板、菜刀收起来，擦灶台，最后把厨房地板上的水渍拖干净。所以，当你要求孩子收拾厨房的时候，你最好把详细的步骤告诉他。

言传不如身教，与孩子共同劳动。 有人说，父母懒了，孩子就勤快了。然而，有的父母只喜欢一味地支使孩子做家务，自己却懒得动。这样的训练并不能起到任何积极正面的作用，反而会让孩子产生抵触情绪："凭什么您在那里舒服地坐着，我却要不停地干活？"要想让孩子积极主动地做家务，父母必须行动起来，带领孩子一起做家务。当父母和孩子共同做家务的时候，双方的效率都会有所提升。

体验为主，适当鼓励。 孩子的能力毕竟有限，不要指望孩子能帮你干很多家务。让孩子做家务，旨在让他体验父母做家务的辛苦，从而学会体谅父母，尊重父母的劳动成果。

当孩子完成你指定的任务之后，最好有所奖励。适当的鼓励，会让孩子更加积极主动地参与做家务。

话术指导范例

　　"你真棒，把碗洗得很干净。洗干净的碗，可以放在右侧的碗架上，这样就圆满完成了。"

　　"爸爸妈妈现在有些忙，你可以把屋里的垃圾收出来，一起扔到楼下的垃圾箱吗？"

　　"收玩具的时候，你可以将收纳箱分类编号，然后将不同类型的玩具分别放置。这样，你再找玩具就方便多了。"

　　"妈妈跟你一起打扫卫生。妈妈先拖地，你用吸尘器吸一吸妈妈拖不到的角落，好吗？"

孩子的家务清单以及技巧和指南

当孩子有一定的自理能力之后，父母就要有意识地培养他做家务的习惯。

1．根据孩子的年龄，列出孩子能够胜任的家务清单

3~6岁孩子的家务清单：

（1）用毛巾擦餐桌、椅子。

（2）吃饭的时候帮忙摆餐具。

（3）把自己的玩具收拾整齐。

（4）帮助大人一起晾衣服，并叠好自己的干净衣服。

（5）洗水果，洗自己的餐盘，帮大人搅拌鸡蛋。

（6）在大人的指导下洗自己的小内裤、小袜子。

（7）学着折叠毛巾。

（8）给自己准备第二天要穿的衣服。

（9）借助闹钟按时起床，并学着自己整理床铺。

（10）与大人一起打扫房间，给家里的植物浇水。

（11）把脏衣服按浅色、深色分类放进洗衣机。

……

当然，父母要根据孩子的年龄和能力参考以上清单，为孩子分配适合孩子做的家务。

2．一些技巧与指南

（1）确保你给孩子分配的家务是合理的，没有超出其能力范围。一定要让孩子知道，你对他的能力充满信心。

（2）最开始培养孩子做家务的时候，一定要给孩子分配一些他喜欢且感兴趣的，这样他就不会抗拒了。

（3）在分配家务的时候，父母最好给孩子一些自主权。比如父母可以这样问他："你想把周几定为给植物浇水的时间？"

（4）切忌打击孩子的自信心。孩子在一开始做的时候，肯定不会做得让你很满意，但是，父母一定要拿出耐心，循序渐进地去指导他，并对他每一个细微的进步都表示鼓励。

（5）给孩子一定的适应期。当父母刚开始要求孩子做一些事情的时候，孩子肯定会表现得很抗拒，但是父母不能因为孩子抗拒就放弃教孩子做家务。给孩子一些时间，他会慢慢适应的。

第三章

不要给孩子乱贴标签，小心摘不下来

——让你的养育方式适应孩子的天性

重新看待孩子的 "不良行为"

　　我从来没有想到，我的大女儿会是这样一个"坏孩子"。3岁之前，大女儿特别乖巧听话。但是3岁之后，随着她妹妹的出生，她变得越来越讨厌。她总是趁我不注意把妹妹弄哭，还用剪刀剪坏了妹妹的衣服。我发现，我现在真的是越来越讨厌我的大女儿了。

为什么会这样

了解孩子的发育特点，重新看待造成孩子"不良行为"的原因，将会有效地避免父母与孩子之间的大部分冲突。

缺乏知识和意识

大多数幼儿的大脑还没有发育到能立即领会大人的要求的程度，并且孩子的语言或社会技能还不能让他们准确有效地表达出自己的需求，以致出现一些错误的行为。

没有归属感

在孩子的认知里，归属感就是得到父母的过度关注和拥有一定的权利。所以，当孩子没有归属感，就会故意制造一些麻烦。

报复和自暴自弃

孩子受挫或在负面情绪的影响下会产生自暴自弃的心理，甚至会做出一些让别人失望的报复行为，让别人不要对自己寄予希望。

在3~6岁这个阶段，即使是大多数人眼中的理想孩子，也会做出很多令父母沮丧的行为，也就是所谓的"不良行为"，比如打人、偏食、乱发脾气、退缩、爱说谎等。绝大多数的父母在面对这些"不良行为"时都毫无办法。

那么，面对这样的情况，父母应该如何解决呢？

正确理解孩子行为背后的需求。父母应该主动与孩子沟通交流，倾听孩子的想法和感受，尽量理解孩子的内心需求和困惑，而不是简单地批评或斥责他们的"不良行为"。父母要学会使用鼓励性的、有长期效果的方法来管教孩子。父母需要观察孩子的行为，识别其目的，理解孩子行为背后的信念及心里的想法。只有父母对自己以及孩子的行为了解得足够多，才能影响和纠正孩子的行为。

充分给予孩子归属感与价值感。首先，父母要营造一个和谐、温馨的家庭氛围，因为这样会让孩子更加自信、乐观。其次，父母要关心和尊重孩子，鼓励孩子表达自己的想法和情感。然后，父母可以组织一些家庭活动，比如全家大扫除、外出游玩等，让孩子参与进来，培养孩子的成就感，同时让孩子感受到家庭的凝聚力和归属感。最后，家长要时刻关注孩子的自身发展，善于发现孩子的优点与兴趣，及时给予肯定和支持，帮助孩子在自己擅长和喜欢的领域获得价值感。

及时疏导孩子的负面情绪。 在孩子产生负面情绪时，父母要耐心倾听孩子的倾诉，并引导孩子找到合理的宣泄渠道，比如运动、听音乐、大哭一场，给孩子一个安全的宣泄情绪的空间，让孩子学习通过合理方式表达和调节自己的情绪。与此同时，父母需要有意识地提升孩子的情绪品质，引导孩子学会自我接纳、自我赏识。

话术指导范例

　　"妈妈知道你不想睡觉，但是现在已经到了睡觉时间，是你自己关电视还是妈妈帮你关？"

　　"我知道你更想看电视，不愿意做作业，而家庭作业是需要先完成的。"

　　"明天是每周一次的大扫除，这次，你打算负责哪些地方的卫生打扫呢？"

　　"哇，这幅画画得很好啊。没想到你在画画方面这么有天赋，以后可以多画，妈妈都给你收藏起来。"

　　"如果你不开心的话，可以哭出来的。妈妈会在一旁陪着你的。"

满足孩子对关注度的需求

大年初二的时候，我们带着3岁多的儿子一起去我父母家拜年。一家人其乐融融地在一起包饺子。等饺子下锅后，我才发现很长一段时间没有看到儿子。当我在卫生间里找到他的时候，我发现他倒了很多面粉在马桶里，并拿着擀面杖不停地搅动。看到这一幕的时候，我真的抓狂了，狠狠骂了他一顿。

为什么会这样

孩子之所以做出类似上述的"不良行为"，究其原因是大人嫌孩子碍手碍脚，让孩子觉得父母不愿意带他一起玩，没有人关心自己，也没有人需要自己。他觉得自己一无是处，体会不到价值感和归属感，就会做一些事情来引起父母的关注。

当然，有很多父母说他们给予了孩子足够的关注，甚至为了孩子每天都像行军打仗一样，但是孩子依然不满足，只要稍微对他有所忽略就大发脾气。事实上，给予孩子过多关注也很可能是造成这个问题的原因之一。

寻求过度关注的孩子并不一定是没有得到父母足够的关注，

或许就是因为得到了过多的关注，

他们才养成了时时刻刻都需要关注的习惯。

能一直得到父母的大量关注和爱是一件让孩子感到很幸福的事，但是谁也不能保证24小时围着孩子转。当父母因为一些事情不得不转移对孩子的注意力时，孩子就会产生一些心理落差，并且会想办法做一些事情重获父母的关注。

那么，父母要怎么做才能在满足孩子对关注度的需求的同时，又避免被孩子无休止地"操控"呢？

认可孩子的感受，让孩子重获价值感和归属感。父母要进入孩子的内心世界，理解孩子真正的想法，而不是强化孩子的行为。当父母表现出理解孩子的感受，并能与孩子产生共情时，孩子觉得自己的感受被父母认可，获得了价值感和归属感，自然而然地就会改变自己的行为了。

给予孩子合理的关注，彼此尊重，互相让步。给孩子提出一个有限制的选择——父母可以给予他一些合理的关注，比如读一个故事、玩一个游戏，但是他必须同意，在这之后父母可以去做自己的事情。让孩子明白父母理解他的需要，但他也应该尊重父母的需要，彼此要互相尊重。

邀请孩子合作，让孩子参与进来。 学会向孩子寻求帮助，满足孩子的价值需要。比如，父母在做一件事情的时候，邀请孩子参与进来，让孩子帮忙做一些力所能及的事情，以此让孩子感到被关注和被需要，孩子的内心就会得到很大的满足，自然不会做一些"不良行为"。

给孩子传递爱的讯息。 面对孩子的"不良行为"时，父母很可能会心烦、恼怒、愧疚，但是这些都于事无补。这个时候最需要的是爱和理解。父母可以给孩子一个拥抱或者一个吻，告诉他父母爱他，并且他在父母的生活中极其重要。

引导孩子学会自己打发空闲时间，让孩子学会自娱自乐。 如果父母给予孩子过度的关注，对孩子有求必应，孩子就有可能失去自我学习的机会。父母可以给孩子准备一些有趣的玩具，比如积木、拼图、绘画板、做手工的各种工具等。当孩子要求父母陪他玩的时候，父母可以适当地拒绝他，告诉他父母爱他，并且相信他自己玩耍也一定会有不一样的快乐。

话术指导范例

　　"原来妈妈的宝贝这么厉害了！"

　　"宝贝，你能帮妈妈把洗干净的碗放进橱柜吗？"

　　"妈妈理解你是因为心情不好才会有这样不好的行为，需要妈妈抱抱你吗？"

　　"宝贝，你长大了，会照顾自己了！妈妈觉得好欣慰！"

　　"爸爸妈妈现在有些忙，没时间陪你，你可以自己玩一玩积木。妈妈相信，你自己会玩得更好。"

正确处理孩子寻求权利的行为

　　昨天，我就出去倒杯水的工夫，回来就看见女儿正在弄我的电脑。我担心女儿将我的电脑弄坏，就大声地呵斥了她。没想到，女儿不仅没有听话，反而将旁边的半盒牛奶倒在电脑的键盘上，气得我啪啪两巴掌打在她的屁股上，女儿哇哇大哭。孩子真是越来越不听话了。

为什么会这样

其实，生活中像上面提到的情况有很多。但是，父母冷静下来之后，认真思考，就会发现孩子其实知道眼前的事物对父母的重要性，但是孩子无法控制自己的好奇心。如果父母大声训斥呵责，不仅不会让孩子认识到错误，反而强化了孩子的行为，使其进而做出更具破坏性的行为，让冲突升级。

父母和孩子一旦像这样陷入权利之争时，绝大多数的父母会为了"息事宁人"而向孩子妥协让步。事实上，

妥协让步的解决方式并不是长期有效的，反而会让孩子产生"你管不了我"的想法，他会进一步挑衅父母的权利。

当父母和孩子陷入权利之争时，父母会无比沮丧地发现一个事实，那就是父母的反应越激烈，孩子越觉得有趣。因为孩子会认为把父母激怒是他能量的体现，这表示父母对他毫无办法。

那么，父母该如何有效地撤出与孩子的权利之争呢？

一味地服从妥协并不能解决问题，父母需要赢得孩子的合作。真正长期有效的方法是为孩子提供一些有限制的选择。父母可以针对当时的情境，问孩子一些启发式的问题，这样要比简单粗暴的命令更能赢得孩子的合作。比如针对上面提到的情况，爸爸可以说："宝贝，电脑是爸爸最重要的工作工具，乱动的话，里面的文件就会丢失或损坏，所以，这个电脑只能爸爸碰。但是，爸爸工作的时候，宝贝肯定能为爸爸做一些其他事情。你是愿意把爸爸的书收拾整齐，还是愿意给这幅画涂上漂亮的颜色？"

避免说教，积极的暂停可以帮助父母驶出暴风区。当孩子向父母挑战的时候，父母最有效的做法就是闭上嘴巴，不去应战。任何的说教、责难和羞辱，都会招致孩子的进一步反抗，继而引发权利之争。父母可以给孩子建立一个属于他的冷静区，并和孩子约定，在发生权利之争的时候，父母可以征求孩子的意见，问他是否愿意去他的冷静区。当然，这一切的前提必须是让孩子明白，积极的暂停不是惩罚。如此，父母不但可以及时地从权利之争中撤离出来，还能给孩子树立一个正确处理情绪的榜样。

与孩子一起解决问题。当父母选择平静下来之后，孩子也会逐渐平静下来。这个时候，父母就可以通过提出一些启发式问题，与孩子一起探讨刚刚发生了什么，为什么会发生这样的事情，该如何解决。当孩子发现父母充分地尊重他的想法之后，也会积极地参与进来，寻找解决问题的方法，这场权利之争也就自然而然地化解了。

话术指导范例

"宝贝，爸爸现在需要用电脑来工作，你是愿意去玩你的拼图，还是愿意帮爸爸把书收拾整齐？"

"宝贝，你的游戏一定很有趣，就是声音有些大，会影响邻居们休息的。你愿意换个安静些的游戏吗？"

"妈妈尊重你的选择，但是妈妈现在必须去房间待一会儿，直到我感觉好一点儿。"

"现在我们都冷静了，那让我们一起探讨一下刚刚你为什么会这么做。是发生了什么爸爸妈妈没有注意到的事情吗？"

避免孩子
"自我放弃"

　　我发现已经3岁的儿子小米，从来没有自己独自做过任何事。比如不会撕开零食包装袋，不会自己穿衣服，甚至连玩都是。昨天，我本想带着他去玩滑板车，他把头摇得像拨浪鼓，还告诉我不会。我鼓励了很久，可他并不相信我的话，索性将滑板车扔到一边，自己去玩了。我非常沮丧，但又没有办法。最后我只能拖着滑板车跟在儿子的身后。

为什么会这样

　　生活中，像小米这样"自暴自弃"的孩子其实有不少，而导致孩子"自暴自弃"的主要原因就是父母"无微不至"的照顾。父母做得越细致妥帖，孩子越退缩被动。他会相信自己真的没用，不可能做好一切，所以会变得更加不愿意尝试新事物，甚至有些明明可以做到的事还没有做就选择放弃，原因是"不会"。

　　这种孩子因为心里产生信念偏差，认定自己什么都做不好，所以选择放弃。容易放弃的孩子很少会给大人制造麻烦，也往往容易被大人忽视。其实，**孩子在放弃的时候，往往需要的不是父母为其代劳，而是父母不要放弃他，并帮助他迈出第一步。**

"行为不良"的孩子是丧失信心的孩子，如果我们能破解孩子"不良行为"背后的密码，用爱和理解正确回应孩子的行为，帮助孩子找回价值感和归属感，我们就能从根本上改变孩子的行为。

避免娇纵，相信孩子能够做好自己的事情。 父母要相信孩子能够做好自己的事情，即使孩子在大多数时候做得并不完美，父母也一定要耐心地鼓励孩子，让他拥有练习这些技能的空间，千万不要在孩子说"我不会"的时候，为了省时省力就为其代劳。

孩子的价值感和归属感大多数都来自自我效能感，而父母娇纵孩子往往会让孩子丧失自我效能感，继而丧失信心。

花时间训练孩子，有效地运用鼓励。 当孩子说"不会"的时候，父母可以告诉孩子自己学习一些事情的经历和在学习的过程中遇到的困难和难堪，告诉孩子每个人都要学习做没有做过的事，并让孩子明白没有人能随随便便成功，所有的得心应手都需要千百次的练习。在这个过程中，父母需要给予孩子足够的温柔与爱，鼓励孩子去一步一步地尝试，慢慢等孩子成长。

犯错是学习的最好机会，鼓励孩子不要惧怕冒险与犯错。 大多数孩子不愿意尝试新鲜事物的根源就是害怕犯错，这源于父母潜移默化的影响。帮助孩子找回信心的最好方法就是停止批评，鼓励孩子试错。当父母转变对待错误的态度，并鼓励孩子不惧冒险和犯错时，父母就能帮助孩子找回信心，孩子也能找回自己的效能感和归属感。

话术指导范例

"妈妈相信你一定可以学会的。"

"你可以自由安排周日的时间，计划一下自己想做的事情，爸爸尊重你的想法。"

"不会没关系的，爸爸可以教你呀。不过你要有耐心，不要害怕失败。爸爸小时候学骑自行车，也是失败了很多次，练习了很多次，最后才学会的。"

"衣服脏了没关系的。妈妈小时候自己吃饭也总是弄脏衣服。"

制定你和孩子的特别时光

1. 每天抽出一定时间，全身心地陪伴孩子，与他单独相处，不被任何人、任何事打扰。

2. 给这个的特别时光起一个有意义的名字，这样不但能强化这段特别时光的意义，还能让孩子集中全部精神与父母一起度过这段时光。

3. 提前计划一些能够在这段时间之内完成的活动，不要把特别时光的时间浪费在计划干什么上。

4. 父母一定要告诉孩子，自己很喜欢和他在一起的特别时光，也很享受陪他玩耍的过程。这会让孩子感受到自己被关注、被爱，会极大地满足孩子的地位感和归属感。

5. 在特别时光开始之前，定一个闹钟，用来提醒特别时光的结束。这会让他更加理所应当地向你寻求更多关注。

6. 提前制定一个规则，除非是特别紧急的事件，否则不得中断特别时光的活动。

父母要少花点儿时间在看手机、玩游戏和网络社交上，把陪伴孩子当成一种习惯。

第四章

警惕！当心严厉惩罚的不良后果

——正面管教，"赢得"孩子VS"赢了"孩子

严厉惩罚会
制造谎言

　　我家孩子总是撒谎，怎么打骂都改不过来，这可怎么办？前几天他撒谎，说去同学家写作业，结果我今天碰巧遇到了那个同学的家长，随口一问才知道，他那天根本就没有去，气得我回去揍了他一顿。这孩子嘴里没有一句实话，真是没法管了。

为什么会这样

孩子也不希望自己犯错，他也希望自己取得好成绩，能够得到别人的赞扬。所以，孩子犯了错或者成绩不理想，他的内心其实比任何人都难受。但是很多父母都认为严厉的惩罚是最有效的教育方式。尽管家长的出发点是好的，希望孩子纠正错误，有一个美好的前程，但是，只要犯了错误就惩罚孩子，在家庭教育中并不能起到积极正面的作用。

在棍棒下长大的孩子犯了错，不是想着对自己的行为负责，而是想方设法为自己遮掩，甚至学会说谎，以此来逃避家长严厉的责罚以及自己应负的责任。

严厉惩罚只会制造谎言。

　　当孩子犯了错，孩子的内心是极度恐慌、脆弱的。这个时候他们更需要的是家长的关爱，而不是严厉的惩罚。那么，当孩子犯了错，父母正确的做法是什么呢？

　　拒绝打骂，和善坚定。在孩子犯错时，父母应该让孩子真切地感受到父母对他的关爱，一句温柔的鼓励就会对孩子产生非常积极的影响。在此基础上对他进行教育，效果会更好。但是，父母需要在和善的基础上，坚持自己的原则。如果孩子犯了原则性的错误，家长应该坚定地指出错误，并协助孩子改正错误。

　　允许孩子犯错，但要避免重复犯错。孩子一旦犯错，就算父母发再大的火，他也已经犯错了。眼下，父母最应该做的事就是想办法让孩子避免重复犯这个错误。在这整个过程中，父母的态度应是温和的，而不是严厉的，如此才会让孩子不产生逆反心理，并记住这个教训，反省自己的过失。

接纳错误，宽容让孩子更好地成长。如果父母过分严厉地要求孩子不要出错，那么，孩子在犯了错之后，内心会极度恐惧。这就会让他极力掩盖自己的犯错行为，甚至编造谎言来逃避自己的过失。犯错并不可怕，但说谎就涉及品质问题了，家长要从根源上遏止这种问题的发生。因此，父母要从内心真正接纳孩子的一切，如此才能让孩子有勇气承认自己的过失，有信心为自己的错误负责。

话术指导范例

　　"妈妈知道你不是故意打碎花瓶的，但是我们现在需要先把碎掉的玻璃碴儿收拾好，免得被碎玻璃弄伤，并且以后要远离这些易碎的东西。"

　　"你看你在拿瓶子的时候没有拿稳，它就摔到地上了。这肯定是你拿的方法不对。你要不要试一试用什么样的方法拿瓶子才不会掉呢？"

　　"妈妈包里有彩纸，你吃饱了的话给我们折个小船好不好？但是不能用筷子敲餐盘哦，这是很不礼貌的。"

　　"今天你保护女孩子，爸爸很欣慰。但是，打架很容易对自己和他人都造成严重伤害。如果下次遇到同样的事情，你知道该怎么办了吗？"

接纳错误，犯错是学习的好机会

现在的孩子怎么这么难管。我家孩子前几天放学的时候平白无故带了几个苹果回来，我问是哪里的，她吞吞吐吐，最后说是邻居婶婶给的。这一看就是在撒谎啊。后来我逼问了半天，才知道是她趁四周没人，从邻居家的苹果树上摘的。这不就是偷吗？偷东西，还撒谎，气得我揍了她一顿。

养育一个3~6岁的孩子是一项艰巨的任务。在这期间，父母会犯错误，孩子同样也会犯错误。但是，值得庆幸的是，犯错是学习和成长的最好机会。

面对孩子的错误，父母千万要有足够的耐心，不要责骂孩子。因为孩子的内心非常敏感，父母稍有不耐烦，他都能感受到。更重要的是，父母的严厉责骂会影响孩子对待错误的态度，更有可能让孩子养成逃避责任的习惯，甚至使有些孩子在做错事的时候用说谎来逃避责任。所以，父母在鼓励孩子去尝试、探索新事物的时候，还要

允许孩子犯错。

　　当父母真正理解犯错是学习的好机会时，父母就会更加愿意放手让孩子在错误中学习一些新的技能，孩子也会对错误产生一些兴趣，并且会对自己能从错误中学到什么而感到好奇。这也会促使他更愿意去探索、去学习。

　　当然，允许孩子犯错，并不是要父母在孩子犯错的时候第一时间冲过去拥抱他，安慰并及时地帮助他。父母必须学会看着孩子体会犯错所造成的焦虑、不安。如此，孩子才不会永远躲在父母的羽翼下，而是会慢慢地养成独立性，并学会担责。

话术指导范例

　　"爸爸妈妈小时候也会忘记交作业，但是我们会记住，没做好的事情，下次要争取把它做好。咱们也争取下次做好，好不好？"

　　"我陪你一起去跟×××道歉，向他承认错误，他一定会原谅你的。"

　　"犯错没关系，改了就好，妈妈小时候也犯过错。"

　　"妈妈能理解你和朋友闹矛盾的心情，但是你现在需要自己想想，该怎么处理你们之间的矛盾。"

让孩子学会为自己的行为负责

　　我家孩子真是太淘气了。家里玩具一天能坏不知道多少个。每次弄坏玩具，他就过来找我，让我把玩具给他修好，我哪有空给他修。最可气的是，前几天他跟朋友去踢足球，非要在楼下空地踢，然后就将足球踢到了邻居家的玻璃上。回家后他就支支吾吾跟我说，我赶紧去跟邻居道歉、赔偿。这一天天的，净给他收拾"烂摊子"了。

为什么会这样

　　生活中，很多父母喜欢替孩子承担过失，当孩子犯错之后，二话不说便帮孩子收拾"烂摊子"。这样往往会使孩子失去认识错误、自我反省的机会，从而让孩子成为一个推卸责任、没有担当的人。所以，**孩子犯错后，应当采用卢梭的"自然惩罚法则"，让他们自己去承担犯错所带来的后果。**这比反复说教更有用。

法国著名教育家卢梭提出了"自然惩罚法则"："儿童所受到的惩罚，只应是他的过失所带来的自然结果。"意思是说，当孩子犯了错，不应该对孩子进行过多的指责或抱怨，而应该让孩子自己直接承受错误造成的后果，如此才能让孩子在承担后果的痛苦过程中自我反省，从而让孩子学会弥补过失，纠正错误。

那么，我们如何在孩子的教育上运用好这一法则，让孩子学会为自己的行为负责呢？

可以指出错误，但不要责难或羞辱孩子。当孩子犯错之后，父母首先要管理好自己的情绪，不要让愤怒覆盖一切感受，做出让自己懊悔不已的决定，更不要随意给孩子贴标签，给孩子传递一些负面讯息。父母可以给自己和孩子一些时间，待大家都能够心平气和的时候再解决问题。父母应该先倾听孩子的声音，再说出自己的感受，然后借机指出孩子的错误，并让孩子主动承担责任、弥补错误。

减少对孩子行为的干涉，让孩子对自己的行为负责。

父母可以站在旁观者的角度，告诉孩子这样做会导致什么后果，启发他发现错误、引发自省，并让他自己决定怎么解决。父母也可以向孩子提出建议，必要的时候陪孩子一起解决，但绝不是代劳。

比如，当孩子故意或不知道爱护而弄坏了自己的玩具，大人不要急着去帮他修好，或者赶紧给他买一个新的，而要让他感受到失去玩具之后的不愉快；当孩子故意将颜料涂在自己身上，不要急着责怪他，或者着急地帮他清洗干净，而要让他学着自己清洗，让他感受洗掉颜料是多么辛苦的一件事……用"自然惩罚"来强化孩子的犯错体验，孩子就会牢记教训，告诉自己下次要小心。

一切从爱护孩子的角度出发。无论是谁，知道自己犯错了都会恐惧。父母要从爱护孩子的角度出发，理解孩子的感受，消除孩子的恐惧。如此，孩子才能敢于承担过失，进行自我修正。

话术指导范例

“你的衣服被你自己涂上了颜料，所以你需要把衣服清洗干净才行哦。”

“现在，你的首要任务是跟邻居道歉，并取得他们的原谅，然后想办法赔偿邻居的损失。”

“爸爸不能在你犯错的时候，就立刻帮你解决问题，有些错误你需要自己承担。”

“妈妈也会犯错，所以妈妈理解你犯错后的害怕。但是你要勇敢面对自己的错误，这样才能吸取教训，避免再次犯错。”

批评不等于责难和羞辱

女儿小小年纪，记性就不是很好，可怎么办？这几天我跟她爸爸教女儿背诗，一首简单的诗，背了很久不说，她还总是在背最后一句的时候卡壳，一共也就四句话，怎么都记不住。最重要的是，我越说她，她越记不住。我看她就是故意跟我们作对。

为什么会这样

在家庭教育中，批评必不可少。批评不仅是一种教育手段，更是一种教育艺术。但父母必须明白，**批评的目的是让孩子改正缺点和错误，而不是责难和羞辱孩子**。父母所谓的"批评"主要表现为以下三种方式。

把羞辱当"激将"

很多父母认为用语言"激将"会让孩子更加努力上进，比如孩子在玩球的时候不小心把花瓶打碎了，妈妈破口大骂："你个不让人省心的东西，跟你说过多少次了，别在家里踢球，你怎么就不长记性？"但这样的教育方式，不但不能让孩子幡然醒悟，还可能让孩子的羞耻心荡然无存。

孩子的自尊、自信一旦被摧毁，是很难重建的。

不分场合和时间数落孩子

比如，家里来客人，家长看到被孩子弄得乱糟糟的家，于是当着客人的面开始数落孩子邋里邋遢、乱扔物品、做事拖沓；在外面碰见熟人，家长让孩子打招呼，孩子害羞地躲在家长身后，于是家长开始数落孩子胆小内向、没有出息、不懂礼貌。

如果家长总是将孩子的这些缺点挂在嘴边，孩子会真的以为自己一文不值，从而变得自卑消极。

不尊重孩子

比如孩子尿床了，这对孩子来说是非常难为情的事。父母如果把这件事当笑话说给人听，哪怕对于一个两三岁的小孩来说，也是伤自尊的。孩子的自尊心受到伤害，心理负担也会加重。在这种焦虑下，孩子更加不能自如地控制自己的行为，很可能会再一次尿床。

不尊重孩子，会让他对自己的行为感到羞耻，从而形成自卑心理。

随着社会的进步，家长的文化素质越来越高，大多数父母摒弃了"棍棒底下出孝子"的教育方式。但是"身体暴力"刚刚退出历史舞台，"语言暴力"又出现了。事实上，**"语言暴力"的杀伤力并不亚于"身体暴力"，对孩子的羞辱和责难对孩子的伤害，也许一生都很难愈合。**"语言暴力"对孩子的危害如此大，父母该如何避免呢？

控制情绪。父母的言行举止、情绪变化对孩子的性格有着潜移默化的影响。面对孩子的错误行为，家长首先要保持冷静，用平和的态度与孩子沟通交流。

正确看待孩子的错误。每个人都会犯错。面对孩子犯错，父母一定要将人与事分开看待，引导孩子正确面对错误，帮助孩子分析犯错原因，让孩子从中汲取教训，避免再次犯错。切记不要夸大其词、上纲上线，将错误上升到孩子人格品质上，这样只会对孩子造成伤害。

引导孩子正视缺点与不足。孩子在面对自己的缺点与不足时，常常会陷入自卑的心理，导致自我怀疑，认为自己一无是处。父母需要鼓励孩子正视自己的缺点与不足，并以积极乐观的心态去面对，再努力改善。同时，家长要善于发现孩子的优点与长处，给予孩子肯定与信心。

　　尊重和理解孩子。被尊重是人与生俱来的、最本能的需求，孩子也不例外。不揭孩子的短，不宣扬孩子的糗事，不当众批评孩子，是对孩子最基本的尊重。

话术指导范例

"妈妈知道你是想和妹妹玩耍，但是你这样拉妹妹是不行的，很危险，一不小心就会像现在这样磕到。"

"没关系，妈妈能理解你。我们一起解决吧。"

"你已经尽力做得很好了，妈妈相信你下次会做得更好！"

"你自己也可以做到的。"

如何正确地批评孩子

1．批评孩子是帮助孩子成长，不是发泄父母的情绪

真正有意义的批评是让孩子明白自己为什么错了，错在哪里，需要如何改正，从而让孩子吸取教训，得到成长，而不是一味地发泄你的情绪。

2．就事论事，不要随意给孩子贴标签

不要给你的孩子贴上"笨蛋"和"坏孩子"的标签。要知道，这些负面标签会给孩子一些心理暗示，让孩子觉得自己天生就是一个笨蛋、一个坏孩子，无法改变，于是自暴自弃，真的成为你口中的样子。

3．永远不要贬低孩子，鼓励让孩子更自信

相对于批评来说，鼓励或许对孩子更有用。父母对孩子说的每一句话，都会对孩子产生很大的影响，甚至决定孩子对自我的认知。经常受到鼓励的孩子，会更加自信，而常常被父母贬低的孩子则往往会自我评价更低。

第五章

接纳孩子的情绪，控制自己的脾气

——与3~6岁孩子进行情感沟通的艺术

谁该照顾谁的情绪

周末，我本来想好好休息一下，但是5岁的儿子和3岁的女儿一直在沙发上跳来跳去。疲惫不堪的我懒得警告他们安静一点儿，于是兄妹俩愈发放肆，从枕头大战到互扔玩具。我的情绪一下子就失控了，对着儿子和女儿大声吼骂，两个孩子在沙发上哭。我讨厌这样的自己，为什么我会变成一个情绪失控的妈妈？

为什么会这样

　　每个人都有情绪，比如快乐、悲伤、愤怒、恐惧、羞愧、内疚等。人与人之间，常常通过表达情绪来相互影响、相互适应，亲子关系也是如此。

父母的情绪对孩子来说至关重要，甚至直接影响孩子的身心发育。

　　如果父母温和大度，孩子也可能性格温和，内心世界相对来说也很平稳。如果父母暴躁易怒，孩子的脾气也可能会很差，容易变得情绪化。如何控制自己的情绪，是为人父母需要学习的重要课程。

　　教育孩子，如何把握分寸是一个难题。管教孩子的初衷是爱孩子，是想改善孩子的行为和保护孩子，引导孩子成为一个健康、积极向上的人。不管在什么样的情况下，**父母管教孩子表现出来的应该是爱，而不是愤怒，在管教孩子的过程中也绝对不可以伤害和羞辱孩子。**

当父母感觉愤怒的时候，最好告诉孩子："我们先冷静一下再说。"按下"暂停键"，让大家都安静一下。暂停不仅适合3~6岁的孩子，也适合所有的大人。它可以让我们冷静下来，想一想该如何应对这个棘手的场面，并站在孩子的立场，带着同情和尊重与孩子交流。心平气和地与孩子进行交谈，对双方都有好处。

父母作为孩子的第一任老师，千万不要教孩子用愤怒和暴躁的情绪处理问题。**父母务必要学会控制自己的情绪，尊重和理解孩子，理解孩子的需求和行为，并对孩子的行为做出良性反应。**如此，孩子才能学会如何处理自己的情绪，并懂得尊重和理解他人。

话术指导范例

　　"我们现在需要先冷静一下再说。"

　　"怎么这么伤心呀？来跟妈妈说说。"

　　"你伤心也不告诉爸爸妈妈什么事，爸爸妈妈很着急。"

　　"如果你和他调换一下角色，你会怎样理解你现在的举动？"

教会孩子正确对待自己的情绪

　　我家孩子一不高兴就哼哼唧唧的，说什么也不听；事情不按照他说的做，他就开始生气、耍赖皮；生气的时候不是摔门，就是摔玩具；有时更是哭得撕心裂肺……我跟他妈妈能说的都说了，能做的也都做了，就是制止不住这个坏毛病。我们两个现在看见孩子不高兴都头疼。

为什么会这样

很多父母对孩子发脾气都有误解，觉得发脾气就是脾气差，就是无理取闹。其实，和所有的大人一样，孩子也有自己的感受和情绪。但是，**孩子对情绪的认识、表达，还处在懵懵懂懂的阶段。他们并不懂得什么是情绪，也不会识别自己的情绪，更别说正确处理它们了**。在沮丧或愤怒的时候，他们可能会摔玩具、跺脚、撒泼打滚儿，或者是哭得撕心裂肺。也有可能在短短的几分钟内，他们会把这些事都做一遍。不过，不要误会孩子，父母认真观察就会发现，孩子只是在用直接的行为来表达并处理自己的情绪。

正确处理自己的情绪，对大人来说都是一件相当困难的事，对一个3~6岁的孩子来说更是一个大难题。

　　孩子通常会采用一些错误的方式来表达自己的感受，这并不意味着他们有什么恶意，而是他们不知道如何处理那些扑面而来的情绪。父母应该教孩子识别自己的情绪，并用恰当的方式表达情绪。那么，父母该如何帮助孩子识别自己的情绪，正确对待自己的感受呢？

　　教会孩子一些表达情感的词汇，让孩子详细地说出自己的感受。在孩子牙牙学语的时候，很多家长会想到教孩子一些基本的称呼，或让孩子认识各种食物，但是常常会忘记教孩子一些表达情感的词汇，比如高兴、伤心、难过、愤怒、愧疚等。事实上，教会孩子表达自己的情感，并详细地说出自己的感受，对孩子来说非常重要。这有助于孩子在面对难以对待的感受时，用恰当的方式表达出来。

　　制作一张表达情绪的表情包图表。打印一张有代表性的表情包图表，当孩子有一些情绪的时候，你可以把表情包图表拿出来，问孩子："这张表中，哪一张脸可以表达出你此时的感受？"

帮助孩子找到处理愤怒的正确方式。与孩子一起找到一个适合孩子发泄情感的正确方式，比如跑步、用拳头打怪兽，或者让孩子假装自己是一头凶猛的怪兽，用身体来表达他的愤怒。

不要试图制止孩子的感受。当孩子感觉愤怒的时候，父母第一时间应该做的不是制止他的愤怒，而是应该了解他的感受，给他充分的时间让他倾诉内心的感受，并让他感觉自己的感受。在他感觉好一点儿之后，专注于教给他一些处理自己感受的技能，让他找到解决自身问题的最佳方法。当父母能与孩子产生共情，让孩子知道自己被理解，孩子也自然能处理好自己的情绪了。

充分接纳孩子的坏情绪。人生在世，没有哪个人可以一直保持情绪平稳，每个人都会有坏情绪，这只是一种暂时的感受，并不会对孩子产生多么大的伤害。事实上，偶尔有一些坏情绪，正是孩子情绪健康的表现，所以，父母应该充分接纳孩子的坏情绪，并给孩子足够的空间和时间去处理自己的坏情绪。这样的孩子，在之后的生活中无论遇到多大的困难，都会挺过去。

"我知道你现在很生气，但是你不可以推弟弟。也许我们能找到一种方法，可以让你的感受变得好一点儿。"

"妈妈知道你一直打不到球，很生气！不过这个球就是不容易打到的。你可以观察下妈妈，也有很多次打不到。"

"要上台了，看你小手冰凉，是紧张吗？如果紧张的话，可以试试深呼吸一下。"

"妈妈回家没有第一时间抱抱你，所以你生气了是吗？"

"你要是害怕自己去卫生间的话，妈妈可以陪你去的。那你能告诉妈妈，你在害怕什么吗？"

积极倾听是一种
有效的沟通工具

最近，我家孩子总说我玩手机，不陪她玩游戏，听得我都烦了。然后，这几天更过分，一到家就把我手机偷偷藏起来了，怎么说也不给我。真是太能闹了。我也没有不陪她玩玩具啊，我一直在旁边陪着呢，自己在那好好玩不就行了。再说了，有时间，我总要做点自己的事情吧。

为什么会这样

　　就拿上面提到的情况来说，父母这样的行为在孩子的心中却有另一番解释："我并没有那么重要，爸爸妈妈不会丢下手机，一门心思地陪我。在我和手机之间，爸爸妈妈更爱手机。"其实，孩子更希望父母能全心全意地陪伴他，而不是在陪伴的同时，还在做其他事情。

　　面对类似的情况，尤其是孩子出现了问题和犯错误的时候，绝大多数家长通常都是没等孩子说完，或者根本没听懂孩子所表达的真实想法，就亮出自己的评判与观点。此时，**父母的说教会让孩子感到不被尊重、重视和理解，时间长了，不仅不利于孩子的身心健康成长，使孩子的负面情绪不减反增，而且会导致亲子之间的矛盾越来越大，孩子不愿再跟父母沟通，亲子关系越来越疏远。**

　　家庭是孩子最好的学校，对孩子影响最大的不是老师，而是父母。一个人的道德品质、生活习惯、兴趣爱好、性格等主要来自家庭的影响，所以，健康和谐的亲子关系尤其重要。那么，父母要如何与孩子建立亲密的关系呢？

　　真正倾听孩子的心声。孩子不愿意对父母打开心扉，其根本原因就是父母喜欢说教，不爱倾听。他们感受不到父母的尊重和理解，当然就不愿意向父母寻求帮助、倾诉委屈了。如果父母能够坐下来，认真倾听孩子的心声，适当地给他关怀和安慰，相信孩子也会跟父母越来越亲密。

　　多和孩子聊天，加强与孩子的沟通和交流。比如睡前与孩子回顾一下当天的生活，让孩子聊聊自己的感受，表扬孩子做得棒的地方，委婉地指出孩子做得不对的地方……在这样轻松愉悦的聊天中，孩子更容易接受，也会更加信赖自己的父母。

话术指导范例

"你现在看起来不是很开心，可以跟妈妈说是什么原因吗？"

"你觉得我还可以为你做一些别的什么事吗？"

"你觉得我不应该做什么事？或者说，在做这件事的时候我不应该采取什么样的方式？"

"我是不是伤害到你了？"

"你愿意我给你一些建议吗？"

孩子的内心想法
至关重要

上个月，我给我闺女报了周末的兴趣班。一开始的时候，她的表现还挺好的，每周末都按时去。但是，上周末她跟我说她以后都不想去兴趣班了，想在家休息。我瞬间火气就上来了，训了她一顿，强迫着她去上课了。可是，自从那次之后，闺女跟我的话越来越少，也越来越叛逆了。

为什么会这样

父母大多数时候都是在和成年人打交道，所以，在与孩子进行交流的时候，常常会忘记在自己面前的是一个未经世事、天真纯洁的孩子。这就导致父母很容易犯一个错误，就是用自己的思维去揣摩和理解孩子。

孩子对这个世界充满天马行空、无拘无束的幻想，很多父母觉得无聊至极的东西，或许正是他们心头的珍宝。

要想了解并走进孩子的内心世界，父母就应该放下"父母"的身份，用孩子的思维了解孩子，用孩子的眼睛看待世界。

在与孩子交流的时候，父母应该做孩子的贴心朋友，站在孩子的角度来思考问题，体会孩子当时的心情，融入孩子的情绪之中，感受他的感受，并积极回应孩子的喜怒哀乐。要让孩子知道一件重要的事，那就是妈妈爸爸知道他此时的心理感受，并引导孩子说出他想要说的话，耐心地等待他说完，让他真正地打开心扉。

总之，了解孩子内心的想法，不仅有利于父母与孩子今后的交流，让父母和孩子的距离进一步拉近，而且能提高孩子自身的交流能力，让他对生活保持旺盛的好奇心，进而开发出自己的潜能。

一旦用孩子的思维去看待问题、思考问题，父母和孩子之间的距离就会变得很近。

话术指导范例

　　"你认为这件事应该怎么做？说一说你的想法。"

　　"你觉得这个决定会带来什么后果？"

　　"妈妈支持你的选择。不过，可以跟妈妈说说你为什么会选择这个吗？"

　　"我的宝贝做得真棒。"

　　"你昨天还没能发现这个问题，今天就发现了，证明你更加认真仔细了，要继续保持哦！"

　　"妈妈之前也犯过这个错误，没关系的，下次改正就好啦。"

控制自身情绪，停止对孩子吼叫

你是否也是一个吼叫型家长？对孩子用吼叫的方法有效吗？如果你想停止吼叫，用更好的方法赢得孩子的合作，不妨试试下面的5个步骤。

步骤一：问问自己的感受

父母可以这样问自己：我现在的感受是什么？我是不是可以用什么方法改变自己的感受？

步骤二：关注自己的呼吸

在问自己问题的时候，关注自己的呼吸。在心里默默从1数到10，尽量慢一点，再深呼吸几次。这样做的目的，是让神经系统得到舒缓，让人能更加理智地思考，避免胡乱发飙。一般来说，强制自己延迟5~10秒钟，就能初步摆脱自身情绪的裹挟。

步骤三：自我平静，重新梳理问题

在自我平静之后，父母需要重新梳理问题，对事实进行理智的判断。在此阶段，父母的脑海里会出现一些积极有效的解决问题的方案。在自己完全平静下来之后，父母再用这些方案来解决问题，或者与孩子沟通。

步骤四：确定孩子的行为目的

认真思考孩子的性情和年龄，想一想孩子的行为是否与他的发展阶段相符，可以避免父母因对孩子产生不合理的期待而对孩子发脾气。然后父母要想一想孩子的这个行为是想表达什么需求，想传递什么讯息。当父母确定了孩子的需求，就能有针对性地解决问题了。

步骤五：要有足够的同理心

父母要站在孩子的角度上想一想问题，尝试着走进孩子的内心世界，感受他的情绪和想法，倾听他内心最真实的声音，告诉孩子自己能理解他的处境和感受。当父母真正地与孩子产生共情，自然就不会对孩子大吼大叫了。

第六章

培养孩子的人际交往能力

——不经过练习，就不会有人际交往能力

友谊对孩子来说
意味着什么

有一年冬天，我带着3岁的女儿去朋友家玩，朋友家有一个跟女儿同龄的小侄女，离开的时候，两个小姑娘哭得稀里哗啦，至今，女儿还常常跟我念叨那个小姐姐，她告诉我，她非常想小姐姐。虽然这个时候的友谊是因大人而起，而且很短暂，但也算是播下了友谊的种子，在这之前，我从来没见过女儿如此想念一个小伙伴。

为什么会这样

在孩子很小的时候，他的人际关系网中可能只有父母或照料人。而随着孩子的成长，亲戚、邻居、老师、同学等陆续加入进来，成了他人际关系网中的重要组成部分。但是，在3岁之前，孩子不会真的有朋友。尽管他有一起玩耍的玩伴，但这都不是真正的友谊。因为这个阶段，孩子之间的玩耍基本上处于平行阶段，也就是说一个孩子虽然在另一个孩子身边玩耍，但是他们之间并没有一种真正的互动和交流。

3岁之后，孩子之间开始出现真正的友谊。也就是在这个阶段，孩子开始和同龄人建立真正的情感联结。

一般来说，孩子在5~6岁的时候就会拥有一些更牢固的友谊，他的玩伴会比较固定，而且父母会发现孩子更加喜欢跟同性别的孩子玩耍。

在儿童友谊发展的学龄前阶段中，孩子们开始了解互惠，会用各种方式和自己喜欢的伙伴建立朋友关系。比如，有的孩子会使用分享玩具的方法交友，"我足够喜欢你，我想和你做朋友，所以我愿意跟你分享我最喜欢的玩具"；还有的孩子会使用"威胁"的方法，"如果你不让我给你的芭比娃娃换衣服，我就不和你做朋友了"。

在这个阶段，还会出现一个让孩子无比难过的局面，那就是被排除在外。比如，有四个孩子，其中三个孩子一起玩耍，另一个孩子被排除在外。被排除在外是一件非常痛苦的事，但是这种痛苦是短暂的，他很快会忘记这种情绪，继续和他们一起玩耍。其实，孩子们的世界非常纯粹，有时候一个孩子被排除在外很可能就是因为其他几个孩子都穿了裙子，而她穿的是裤子。所以，幼儿之间如果发生分歧，无论他们采取哪一种方式解决问题，父母都要相信他们彼此之间都无恶意，只是为了结交一个称心如意的朋友。

毫无疑问，**拥有友谊对孩子来说是极其重要的事。**有研究表明，大多数行为有偏差的孩子，在生活中可能没有玩伴或朋友。友谊极大地促进了社交技能的发展，与缺乏朋友的孩子相比，拥有友谊的孩子有更强的自尊心和自信心，他们通常不会产生孤独感，在人际交往方面也更加得心应手。

当然，孩子们在交往的过程中，可能会有伤心、流泪、抱怨，但是，父母不要急于去帮助孩子，或者去评判孩子的是非对错。这个时候，培养孩子解决问题的能力才是关键。

没有任何一项技能是天生就会的，不经过练习，就不可能拥有社会交往的能力。那些在长大之后有人际关系障碍的人，通常都是童年时期没有习得人际交往这项能力的人。所以，父母要帮助孩子学会这项技能。

话术指导范例

"见到朋友的时候，你可以跟他们摆手打招呼，也可以握手，这样会增进你们之间的友谊。"

"在与同学相处时，要学会倾听他人的想法，尊重他们的选择和决定；同时做好自己，坦诚表达。"

"家里来了小伙伴，你可以主动问问对方想要玩什么或者怎么玩，要和小伙伴一起商量哦。"

"你是遇到了什么问题吗？可以跟妈妈说，我们可以一起商量解决问题的办法。"

"如果把你和你朋友的角色互换一下，你会接受朋友这样处理你们之间的矛盾吗？"

不要过度
帮助孩子

有一次，我陪女儿在游乐场玩耍。玩了一会儿，女儿说有个姐姐抢走了她的玩具。我没在意，就告诉她："你应该告诉她需要排队。"女儿噘着嘴，说她不敢。我就说："这次就让姐姐玩，下次再遇到相同的情况，你就这样跟她说。"后来，女儿遇到问题的时候习惯性地想要我帮忙解决，比如说让我帮她开口寻找玩伴，捉迷藏的时候让我帮她寻找地方……我突然发现，我已经在不经意间阻碍了女儿的成长。

通常情况下，在孩子遇到难题的时候，父母都会急于插手，习惯性地为孩子解决问题，从而走入养育的误区。其实很多时候，孩子也能很好地解决自己的难题。

父母给予孩子更多陪伴，能够倾听孩子的诉说是一件好事。但是，在孩子遇到问题的时候，父母毫无原则地为其提供帮助，就会给孩子一种暗示，让孩子觉得自己在父母的眼里不够聪明，不够能干，不能靠自己的力量解决难题。这会让孩子养成逃避问题的习惯。

当孩子遇到一些问题的时候，父母不要主动给孩子提建议，而是应该问孩子："你是怎么看待这个问题的？"

孩子进行社交活动时，总会遇到各种各样的难题。假如孩子遇上一位不合父母心意的老师，或者遇上一个父母不那么满意的朋友，父母千万不要因为害怕孩子受到伤害，而急于去帮助他、保护他。其实，孩子并没有那么脆弱，当父母能够相信他的能力，不再过度帮助他的时候，他自己一定能够找到与别人相处的合适方式，解决自己的难题。

父母对孩子真正的爱不是帮助孩子挡住外面的一切风雨，而是教他们如何面对风雨。只有具备了独立生活、自我保护的能力，他们才能在之后的人生道路中，不管遇到什么样的难题，都能想到办法解决。所以，在家庭教育中，**父母最好不要充当孩子的救世主，而是要多鼓励孩子直面问题，大胆尝试。孩子会比父母想象中有力量。**

一旦孩子明白，即使没有父母的帮助，他也能够很好地解决自己的难题，成为自己的超级英雄，他就会拥有自信和勇气。这是一个人一生中最重要的力量。

　　"妈妈知道你很难过。但是你有没有想过，面对这种情况该怎么做呢？"

　　"别怕，你肯定能行！"

　　"难过痛哭或者发泄是人的天性，妈妈不用你坚强，想哭就哭出来吧。"

　　"你在父母眼里是最棒的孩子，我们只希望你能不断进步，取得自己所期望的成就。"

　　"你考得真好，一定很努力吧，继续加油哦！"

　　"妈妈相信你，因为你以前说的话都兑现了。"

谨防让孩子养成受害者心理

　　自上次我的儿子小迪被人欺负，我控诉了老师，并找了"小霸王"的家长之后，小迪每天都会回来告诉我，今天谁推了他，谁差点把他绊倒了。每次我都会非常心疼地搂住小迪，给他一些安慰。但是，前些天，我在老师那得到了完全不同的真相。老师说，她看到小迪是自己摔倒的，根本没人推他。这让我既气愤，又不知所措。我的孩子什么时候变成这个样子了？

为什么会这样

　　拿上面这样的情况来说，孩子这样做的根本原因就是他已经养成了受害者心理。他喜欢做一个受害者，因为这样他就能得到大人更多的怜悯和关注。他甚至不惜用撒谎来获得这种关注。

　　孩子还小，很多时候确实需要大人的保护和监督。当孩子被欺负的时候，作为一个心疼孩子的父母，给孩子一些安慰，并将这个问题告诉老师或找到欺负人一方的父母原本无可厚非。但是此时，父母很容易忽略了另一个问题，那就是**父母没有赋予孩子解决问题的能力，导致孩子习惯了被解救，并享受大人的这种怜悯和关注。**

　　面对类似的情况，父母需要更专注于解决问题，而不是强化他被欺负这个事实，才不会让孩子产生受害者心理。那么，父母要如何教会孩子解决问题呢？

　　当孩子是被欺负的对象时，父母需要教孩子表达自己的感受，让他们学会一些表达情感的词汇，比如"开心""难过""生气"等，准确地表达自己的感受，并学会拒绝他人伤害自己，直至孩子学会如何与人打交道。

话术指导范例

"如果有人欺负你，你可以明确地跟他表达出自己的感受。比如，你可以跟他说：住手，不要再打我了，你弄疼我了，我现在很生气。"

"宝贝，你认为怎么做才能够防止这种情况更多地发生呢？"

"宝贝，妈妈只有知道了你的真实感受，才能判断这件事有没有伤害到你。"

"当别人对你提出过分的要求时，你有拒绝的权利。"

"不经别人允许，不可以随便拿别人的物品。"

自我保护是
永恒不变的话题

　　我常常跟我的女儿小雨说，在学校要遵守纪律，与同学友好相处，做一个善良、乖巧的孩子，小雨也牢记我的话。但是，我发现小雨反而成了常常被捉弄欺负的人。我很心疼，并告诉小雨，要勇敢地保护自己，但是小雨并不知道该如何做，甚至连跟老师告状都不敢。我对自己的教育观念产生了深深的怀疑，难道善良有错吗？

为什么会这样

在人与人之间的交往中，心存善意的确没有错，但是父母在教孩子善良的同时，一定要告诉他，善良一定要有底线和原则。父母一定要**让孩子学会在自我尊严和底线不受侵犯的前提下宽以待人。**父母要让孩子明白，事事容忍别人，委屈自己，没有任何原则地纵容他人的无理索求，不是善良，而是懦弱。

除此之外，人之所以唯唯诺诺、不懂拒绝，究其原因是不够自信。

只有自尊自信的人，

才能做到坚持自我，不轻易盲从。

与此同时，父母一定要教给孩子一些保护自己的本领，不要让他成为一个软弱可欺的人。那么，父母应该怎么做呢？

教孩子学会说"不"。父母若不希望孩子在成长的过程中受到欺凌，那么一定要教会孩子如何对不合理的要求说"不"，对让自己感到不舒服的行为说"不"，让孩子懂得自我主张，并教会孩子一些拒绝他人的表达技巧。

父母一定要告诉孩子，无论什么时候都需要遵从自己内心的感受，面对不喜欢的事情，一定不要一个人默默忍受，也不需要过分迁就他人而委屈自己。当然，要坚持自我，又要寻求在社会关系中的稳定和谐，对每个人来说都不是一件容易的事。所以，父母也要给孩子一个成长的过程，让孩子从一次又一次的实践中学到未来可以运用的观念和技巧。

让孩子充分表达自己的意见，培养孩子的自尊自信。在家庭教育中，父母要给孩子一个自由成长的空间，让孩子充分表达自己的意见，并真心接纳孩子的正确意见，给孩子创造解决问题的机会。如此，孩子就能从中获得能力感，从而成为一个自信的人。如果孩子举止大方自然，内心积极阳光，坚持自我，信守承诺，不轻易打破自己的原则，那么，别人在跟他交往的过程中，自然而然就会尊重他的人格，不敢轻易去欺负他。

让孩子学会甄别是非对错。 当孩子与他人产生矛盾的时候，父母最好不要急着去当孩子的保镖，急于为孩子出头。比如，当孩子跑来跟你说谁欺负他的时候，你最好先跟孩子好好谈谈，帮助孩子厘清什么是开玩笑，什么是欺负，什么是无心之举，什么是恶意攻击……在分析事件的过程中，让孩子学会甄别是非对错、轻重缓急，让孩子清楚对于别人的哪些行为可以包容，哪些行为要坚定拒绝，以及在哪些情况下必须立即向老师或父母求援，让孩子明白，值得信任的大人是最好的求助对象。

让孩子自身强大起来。 孩子容易被人欺负，除了性格原因之外，还与自身是否强大有关。一般来说，在幼儿园容易被小朋友欺负的孩子，基本上都是自理能力差、身体也不太强壮的孩子。所以，父母一定要在孩子入园之前多多地训练孩子，让孩子拥有基本的自理能力，并且多带孩子参加一些体育活动，让孩子拥有一个强壮的身体。

付出更多的耐心和时间。任何一项技能都是后天习得的，处理人际关系的方法也是如此。父母可以有意识地跟孩子练习如何沟通和表达，也可以跟孩子分享一些自己在成长过程中的经验，还可以跟孩子一起读一些关于人际交往、自我保护方面的绘本。

话术指导范例

　　"如果同学、老师，或是爸爸妈妈的某些要求或行为，让你觉得很不舒服，你一定要勇敢地拒绝。若是问题很难解决，可以跟老师和爸爸妈妈寻求帮助。"

　　"妈妈觉得你的意见很有道理，我们再跟爸爸一起商量一下吧。"

　　"你可以把同学欺负你的事情详细地讲给妈妈听吗？我们一起分析一下同学欺负你的这个行为，是否有可能是开玩笑或是无心之举呢？"

　　"对于同学欺负你这件事，你觉得要用什么办法解决呢？这些方法所产生的后果，你有认真思考过吗？"

　　"我的宝贝都可以自己洗漱、穿衣了，真厉害。妈妈相信，不久后你会更厉害。"

拒绝充当孩子的救世主

当孩子到了一定的年龄时，父母需要将某些责任和自主权交还给孩子，并让孩子明白，他有能力掌控自己的生活，解决自己面临的问题。

父母可以适当地为孩子提供帮助，但更重要的是教会孩子学会解决问题的方法。下面两个方法可以帮助孩子提升应对各种挑战的能力。

1. 当孩子遭遇困境的时候，先问问孩子能够做什么来改善局面

当孩子说出他的问题时，父母不要先忙着帮孩子解决问题，而要先问问："你能做什么？"然后认真听取孩子的意见。

比如，孩子说她不想进幼儿园，原因是她太想家、太想妈妈了。这个时候，父母只需要问问孩子："我把你送到幼儿园之后，你要怎么做才能不那么想家、想妈妈？"孩子可能会说"我要带上我的玩具小熊，带上妈妈的照片"，或者

要求妈妈在他放学之后第一个接他……只要是孩子自己的主意，并且他的方法是合理可行的，大多数时候都能管用。

孩子会很乐意用自己的方法解决问题。当他觉得自己解决了这个问题，他也会因为能获得自我能力感而变得更加自信，也更愿意接受更加艰难的挑战。在之后的生活中，当他再遇到困难时，他会先想办法自己去解决，而不是一遇到困难就向大人求助。

2．假如孩子提出的办法不管用，我们需要鼓励孩子再次尝试

当然，有时候，孩子的方法并不灵验。这有可能会打击孩子的自信心，让孩子因为沮丧而放弃再次尝试。这个时候，父母需要多一些耐心，鼓励孩子再想其他方法，并向孩子表达自己对他能独立解决问题的信心。

当孩子已经努力尝试了各种方法，但是依然不能解决问题的时候，可能就真的需要父母的帮助了。比如，他在幼儿园总是被其他孩子欺负，而他的确想了很多办法以期改善这一局面，但是依然无济于事。这个时候，则需要父母出面跟老师反映一下这个问题，了解一些更详细的情况，并帮助他想一个解决问题的方法。

第七章

摆脱过度控制的怪圈，给孩子自由选择的权利

——孩子凭借你而来，却不属于你

孩子不是你梦想的继承者

当孩子还在我肚子里的时候，在无数个夜晚，我都在为孩子的人生做一个规划。对于孩子，我有太多的期待和憧憬：我想让他成为一位钢琴家，让那些优美的乐章从指尖流淌出来；我还想让他成为一位画家，将自己天马行空的想象都画出来；我甚至想让他成为一位旅行家，替我去看一看美丽的大千世界……

为什么会这样

　　生活中，很多父母喜欢把自己的一切期望都寄托在孩子的身上：自己没考上大学，就想让孩子完成自己的愿望；自己想学舞蹈，就不管孩子是不是真的喜欢舞蹈，只一味把自己的梦想强加在孩子身上；甚至明目张胆地"绑架"孩子："我们累死累活都是为了你，你可不能让我们失望啊！"父母以为这是在激励孩子更加努力，是对孩子的爱，其实这不是爱，真正的爱是没有任何条件的。

　　每个人都有自己的梦想，父母的梦想需要自己去完成，而孩子的梦想也要由自己去努力才能达成。被操纵的一生注定不是健康健全的。当父母以爱之名把一切希望都寄托在孩子身上时，孩子会因此背负上他这个年龄段本不应背负的东西，**过重的心理压力很可能让孩子扭曲自己的人格，这对孩子的健康成长非常不利。**

教育的最终目的是培养健全的人格。教育孩子，最基本的就是让他拥有健全的人格，让他能独自面对社会。在这个基础上，再引导他去根据自身的能力去追逐自己的梦想，去实现自我价值，做一个对家庭、对社会、对国家有用的人。

让孩子健康快乐地成长是每一位父母的心愿。所以，在孩子成长的过程中，请父母收起功利心，不要把自己的梦想强加在孩子身上，也不要试图用爱"绑架"孩子。

> 请放下教育的功利性，遵从孩子内心的想法，还孩子一个快乐美好的童年，因为这才是父母给予孩子一生最宝贵的财富。

话术指导范例

"长大以后，你想成为一个什么样的人呢？"

"无论你的梦想是什么，你都要保持积极的心态和乐观的态度。"

"哇，原来你长大后想成为一名宇航员。那你需要妈妈帮你买一些关于太空和宇航员的书籍吗？"

究竟是孩子喜欢，
还是你喜欢

前几天，我无意间听到一个妈妈跟五六岁小男孩的对话。妈妈想给儿子报舞蹈课，但是儿子只喜欢架子鼓，不喜欢跳舞。妈妈气急了，说道："如果你不学舞蹈，妈妈会很生气的。妈妈如果不高兴了，就没有心情给你买零食了。"小男孩一听就急了，大声哭了起来。不过，最后妈妈也没管孩子脸上的眼泪，强行给孩子报了名。我不禁思考这样替孩子做决定，是否正确呢？

为什么会这样

　　要知道，幼儿时期，妈妈和零食对孩子来说就是整个世界，妈妈的开心、好吃的零食对一个孩子来说非常重要。孩子希望妈妈开心，希望天天有好吃的，所以就放弃了自己的选择权，默默地任父母摆布。

　　用"不听话就不给买好吃的"这种强迫的手段去逼孩子做能让父母开心的事情，对孩子是最大的伤害。这就意味着他需要用他的快乐来换取父母的快乐。如果孩子凡事都听父母的安排，很听父母的话，父母别得意得太早。这并不是一件好事，或许他的"顺从"是他"退缩"的开始。

　　性格太强势的父母，喜欢把自己的意愿强加在孩子身上，渐渐地，孩子就会变得非常顺从。但是这种顺从并不是乖巧，而是性格软弱的表现。

"强势父母"造就"弱势孩子"，

这并不是危言耸听。

　　让孩子快乐地成长，才是家庭教育的宗旨。就算是想培养他对某一方面的兴趣，也要从开心快乐的角度去鼓励他接受，而不是对他说："你这样做，妈妈才会开心。"或者说："你照妈妈说的做，妈妈给你买好吃的。"这样的说法给孩子传递的信息就是"你要这样做来取悦我"。

　　周国平先生说："**和孩子相处，最重要的原则是尊重孩子**。从根本上说，这就是要把孩子看作一个灵魂，一个有自己独立人格的个体。"

　　正如周国平先生所说，任何时候，父母都不要把孩子当作自身的一部分，而是要把他当作一个独立的个体、独立的灵魂，懂得放手，让孩子自由选择自己的喜好。

话术指导范例

　　"你想学架子鼓，还是跳舞呢？妈妈尊重你的决定。"

　　"这个周末怎么过，你来决定。妈妈听你的。"

　　"宝贝，你今天想穿哪件衣服？"

　　"你想先收拾玩具，还是先去看书？"

　　"宝贝在墙上画的画，很漂亮。不过，下次可不可以在纸上画呢，这样妈妈也好帮你保存下来。"

请停止以爱之名做伤害孩子的事

前段时间，我去病房探望大学室友晓静的女儿可可，刚走到门口，便听见晓静在碎碎念："错过了这次比赛真是可惜，可可啊，下次你可要争气，争取一举夺冠……"我推门进去，看见可可闷闷不乐。待晓静出去后，我便问道："可可，你怎么不高兴呢？是身体不舒服？"可可摇了摇头，回答道："阿姨，我讨厌参加钢琴比赛。"小小的人儿，有着与她年纪不相符的忧郁，让我看着有些心疼。

为什么会这样

　　父母总是以为孩子什么也不懂，所以一手包办孩子的事。即使孩子有不同的意见，这种反抗多数时候也会被父母不费吹灰之力地镇压下去。父母的理由很简单："我是为了你好！"大人以为自己所做的一切都是为了孩子好，可是大人却忘了，**孩子每一步的成长，都需要一个独立的空间去做选择，去做判断。经历过了，经历多了，孩子才能更好、更快地成长。**

　　但是，如果父母希望孩子去努力获取的东西只是父母的一厢情愿，那么，父母给孩子施加的压力就变成了过度控制。没有哪个人喜欢被摆布，孩子也一样。

生活中，很多父母喜欢以爱之名控制自己的孩子，总是替孩子做一些自认为正确的决定。当孩子一直被父母控制，不能按照自己的意愿去做任何事的时候，就会产生自卑心理和逆反心理。所以，**请给孩子一些自由，适度地给孩子选择的机会，让他自己安排自己的生活，自己做决定。如此，孩子才会变成一个有主见、越来越自信的人。**

如果孩子真的很喜欢做一件事，父母可以给孩子提供一些帮助，并适当地施加一些压力，让孩子离自己的梦想更进一步。

话术指导范例

　　"妈妈只是给你建议，但是最终还要你自己决定。"

　　"这一次，你想要做小熊饼干，还是草莓酱饼干？"

　　"你可以根据你自己的喜好选择兴趣课，如果没有感兴趣的，不报也是可以的。"

　　"如果你真的很喜欢画画，爸爸妈妈可以帮你报课的。"

"别人家的孩子"
并没有我们看到的那么好

　　有很多家长问我："为什么你女儿那么懂事听话，都不见她哭闹？"其实，女儿并非时常那么听话，她也会有发脾气的时候，我也曾为了如何驶出暴风区伤透脑筋。他们看到的只是女儿展现出来的美好一面，事实上，在日常生活中，女儿跟其他孩子一样会哭、会闹、会有一些小情绪，只是她这些不太美好的地方，他们不太容易看见而已。

为什么会这样

很多父母都喜欢比较，从孩子一出生就开始拿别人家的孩子跟自己家的孩子比较：别人家的孩子多重、多高；别人家的孩子会爬了、会站了、会走路了、会说话了；别人家的孩子很会读书，学习好、情商高……事实上，我们看到的并非全貌，别人家的孩子很可能没有我们想象中的那么好。

在育儿这条道路上，谁都有苦恼。每个孩子都有自己的问题，每个家长都需要费神去解决问题，没有谁过得比谁轻松。而事事比较，把"别人家的孩子"常常挂在嘴上，不但不能让孩子变得更加优秀，反而会让孩子产生自卑心理。

心理学家在研究调查中发现，大约有75%的孩子有自卑心理，而这些孩子之所以会自卑，很大一部分原因来自家庭的影响。可以这样说，**孩子是自信还是自卑，基本上取决于家长平日里对孩子的评价是正面的还是负面的。**

不要随便给孩子下定义，也不要把"别人家的孩子"挂在嘴上，因为家长任何带有嘲笑、责骂意味的话语，都会让孩子幼小的心灵受到伤害。虽然对于家长而言，这句话只是一句无心之言，但孩子没有辨别是非的能力，他觉得父母说什么就是什么，"既然你说我什么都不行，什么都比不上人家，那我肯定就什么都不行，事事不如他人"。孩子的内心就会产生一种心理暗示——"我不行""我永远比不上别人"。所以，尽量不要跟孩子说伤他自尊的话，也不要拿他跟任何人比较，因为这样会让孩子的自我评价过低，对孩子的健康成长毫无帮助。

父母要对孩子多一些鼓励，少一些苛责，这样才会让孩子对自己充满信心。

世界上没有两片完全相同的树叶，任何一个孩子都是独一无二的。不管孩子是怎样的，父母都要无条件地接纳他，把他当成心中最可爱的天使。

话术指导范例

"成绩很重要，但是你努力学习的过程更值得肯定。"

"不要怕，你肯定能行！爸爸妈妈一直在你身后。"

"这次的成绩比上一次进步了，简直是太好了！"

"你真是一个诚实勇敢的好孩子！"

"宝贝，你的伤心爸爸妈妈都懂，来抱抱。"

正确认识孩子，并接受孩子的平凡

我非常理解父母"望子成龙，望女成凤"的心思，我也知道，没有哪位父母会从一开始就认为自己的孩子平平无奇。但是，事实上，这个世界上只有一小部分人能成为顶尖人才，大多数人都只是茫茫人海中的甲乙丙丁。

我们常常听到一些因为对孩子抱有过高期待而给亲子关系带来伤害的例子，我不想再让这样的故事发生在我们身上，所以，请接受孩子的平凡，对孩子抱以合理的期待。那么，具体来说，父母应该如何调整自己的心态呢？

1. 正确认识孩子，接受孩子的平凡

所有父母都有这样的想法：自己的孩子怎么看怎么顺眼。孩子哼首歌，就觉得他是歌唱天才；孩子曲曲腿，就认为他未来一定是舞蹈家。于是，很多父母迫不及待地给孩子报了一大堆兴趣班，也不管孩子是否真的喜欢。我们想给孩子最好的教育，把他培养成顶尖的人才，本无可厚非。但

是，最重要的是孩子需要探索自己真正感兴趣的领域，而不是仅仅为了满足父母的期待。

了解自己的孩子，正确认识自己的孩子，引导孩子去追逐自己的梦想，即使他的梦想只是成为一个平凡岗位中的一员也没有关系。因为，成功并不是只有一种形式，把平凡的工作做好，也是一种成功。

2．让孩子学着接受失败，不要把关注点放在孩子的成就上

在成长的道路上，孩子一定会遭遇失败。没有人喜欢面对失败，但是，相对于为孩子清扫一切障碍，让孩子避免失败来说，教会孩子正确面对失败更加有利于孩子的成长。

一定要让孩子明白，生活中有很多艰难险阻，任何人都有过失败，做一件事，最重要的是倾尽全力和享受努力做好这件事的乐趣。所以，在日常生活中，父母也要尽量不把自己的关注点放在孩子的成就上，而应更加关注孩子做事情时态度认真、面对困难时勇于挑战、对人热情、充满仁爱等积极的品质上。

3．合理的期待并不意味着完全放弃培养孩子

当然，合理的期待并不意味着完全放弃培养孩子。父母要根据孩子自身的情况，为孩子提供合理的帮助和支持。有时候，提供帮助和过度控制只是一线之隔，父母要把握好这个度，在孩子需要帮助的时候及时给予帮助，而不是把自认为好的东西一股脑儿地硬塞给他。